정적을 깨우는
우주로 창을 내고

도서출판 모던

정적을 깨우는
우주로 창을 내고

서 휘 시집

저자의 말

수많은 생각의 나래를 펼치며

글을 쓴다는 것은 내적 자산을 꾸며 내놓는 것으로 쑥스러움이 있고, 먼 곳에서부터 보이지 않는 칼에 난자당함을 홀로 느낀다.

오늘의 공간에서 자신만의 감동 그 원천을 아무도 모르게 현실 세계를 그려온 것을 내놓는 순간이다.

그동안 내 안에 내가 또 다른 세계를 상상해 4차원 5차원 공간으로 혼자 이동을 하고 있지는 않은지 가끔 혼동할 때도 있었다. 글을 쓰면서 내재된 공간을 미학적으로 표현하려 수많은 생각의 나래를 까만 하늘에 펼쳤다가 지울 때가 많았다.

개인의 가치인식과 자각 자아발견 현실세대의 불편함 등이 나를 결정짓는 혼자만의 생각을 내놓는 순간 부끄러움이 지식세계를 강타한다.

글로서 자신을 지켜내려는 생각도 해보고 시대의 불공평함을 작가라는 이름으로 난도질해보고도 싶고 깊은 산속 동굴 속에서 뒤집히는 세상을 다시 바라보다 색다른 삶으로 다가가 오늘을 바꾸고도 싶다.

우리는 항상 선진을 따라가는 회색 지팡이들을 비판하면서도 따라간다. 다양한 해석 속에 다시 한 번 돌아보는 세상을 평안케 삶이 평등할 수 있는 길이 있을 것이라고 자심으로 꾸려본다.

모두가 노력하는 존재가 되어 인간의 깊은 지적 세계 맛을 공유하고 가치 있는 즐거움으로 서로의 뮤즈를 글로 나눌 수 있는 시대적 상황을 생애에 이름으로 나누고 싶다.

자신의 이질감들을 글로 표현하며 무한히 내재된 지성을 서로 공유하고 읽고 다시 읽어도 해석이 달라지는 글을 쓰려고 노력해 보았다. 시집을 내면서 누구든 여기서 감동을 얻고 어떠한 마음의 움직임을 갖게 된다면 하고 기대심리를 내포한다. 보여주고도 싶고 감추고도 싶고 숨기고도 싶지만 멀리서 볼 수 있는 산, 계곡 깊은 곳에서 퍼져 나오는 향기가 되고 싶고 이 한 권의 시집이 순간의 전환점이 되리란 울림을 내놓는다.

2010년 11월 15일

서 휘 삼가 씀

사라지는 별을 안고 제1부

암흑 속 고요를 깨면 제2부

제3부 산허리에 안개처럼 피는 이야기꽃

정적을 깨우는
우주로 창을 내고

제1부

사라지는 별을 안고

시집을 만나는 사람들

눈을 감아도 스며드는 달빛
마음을 닫아도 파고드는 사랑

아득함이 그리움인가
기다리던 그대의 사랑인가

허전한 가슴 속
줄 사랑만 가득히 쌓입니다.

고운 걸음으로 만난 우리
새 시향에 한발 가까워집니다.
아련히 잡힐 듯 놓쳐지는
시향이 안타깝습니다.

이제
당신을 맞아
반갑습니다. 사랑합니다.
외쳐봅니다.

냉가슴 울리는
저 소리 들으며
당신의 영혼에 시향을 보냅니다.

우리 서로
희망 만들어
사라지는 별을 안고
오늘을 안아봅니다.

추수

지난 태풍을
부여안고
기분 좋게
누워있는 벼를 벤다.

콤바인 위
농부의 얼굴에
가을 해가
웃다 떨어지다 걸린다.

베어낸 그루터기에서
싱싱한 벼 냄새가
아스팔트에 취한 듯
기어다닌다.

저 하늘에
흘러가는 구름아
농촌 갈 길이
멀기만 하구나.

첫사랑 코스모스

송이송이
흔들흔들
가을 속을 붉게
물들어 가고

나는
시골길에서
말을 걸었지
너희들은 일렬로 서서
나와 색깔대로 연애를 했어

나는
꽃잎이
물들어 갈수록
너희들을 사랑했고
송이마다 입맞추며
소곤대는 너를 하마 이해하고 말았어.

그냥
늙어가기 싫은 난
너처럼 살길 바랐고
자꾸 고개 젓는 너를
나는 해석하려 하지 않았지.

아무리
속삭여도
눈물 맺힌 얼굴로 외면하는 너를
알 수가 없었고

하늘
가버린 풋사랑
너만 좋아하는 나를
너는 늙어 가면서 결국
아스팔트 위에 너를 버렸어

나는
고개 돌린 너를
미워할 수 없어
마지막 입맞춤하지 못했어.

나는
그냥 울고만 싶었어
지금도 사랑하고 있기에

하늘

하늘이
연못 속에 숨어
흘러간다.

개구리 한 마리
뛰어들자
하늘이 흔들렸다

나도 하늘 따라
흔들리고
하늘 속 당신도
흔들리고 있잖아.

한 세월

오늘
단풍 향기에
젊어지는 가을 남자

들판 향기 먹고
창공에 취해
무엇을 하려는가!

흘러가는 저 강
황혼의 배 위에 앉아
정한 세월
삿대질이나 하여볼까.

한계령

천불상 만 봉우리
쌓인 전설 속에 우주로 나는
하늘 아래 개골산(皆骨山) 신비롭다.

언제였던 궁궐이
바다 앞 설악(雪嶽)이 일어서고
기상찬 동해가 발걸음 출렁출렁

천불상 만 봉우리
눈감고 봉래산(蓬萊山)보노라
계곡을메우고
신작로 낸 생생한 사연만
애달프다.

눈보라 찬 서리
폭양이 내리쳐도
그 모습 그대로 천지개벽(天地開闢)에도
고고한 자태

천불상 만 봉우리
눈으로 쓰다듬고
하늘로 아끼면서
내 한 다하도록
찬란하게 풍악산(楓嶽山) 보듬어
억조창생(億兆蒼生) 물려주리라.

코스모스

바람 부는
가을 길에
저리 좋을까
송이송이
끼리끼리
조잘거린다.

빨간 입술
하얀 입술
청색의 하늘에
손을 흔든다.

오 리 종종
십 리 종종

구름도
나도 자꾸만
걸어간다.

멍첨지

잡고 있던 손을
하나 둘 놓는다.

떨어지는 낙엽에
산천이 긴장한다.

석유가 뛰어오면
혹한이 같이 뛴다.

직불금 삼킨
멍첨지들이
농민들을 또 울린다.

개념 없는 치세에
외세 바람만 분다.

*쌀 직불금:2005년부터 정부가 fta협정후미국산 쌀 수입을 개방하며 수매를 줄이고 농민을 달래기 위해 평당 얼마씩 수도농가에 보조해 주는 일정의 금액

산사의 달

절간에
가로등 없이
외로움이 돋는 밤

은하에
헹궈낸 별이
하늘 사이 쏟아진다.

소나무
찢어진 사이로
세상 보는 달빛이 차다.

바람 타는
달빛이 혼자
누운 풀을
개걸스럽게 먹고 있다

산사에 여승이
달빛에 쫓기는 밤

여승 머리에
일월이
잠드는 밤.

5월

5월이 잔인한 달이다.

어린이날
혜인이 자전거를 사주고
손녀의 마음을 받았다.

어버이날
나는 카네이션을
받지 않는다.

나는 아직도
내 아버지 어머니 앞에서는
내 아들에게서 무엇인가를
받으면 미안하다.

내가 낳은 아들이
당신께 잘하면 마음이 놓이고
그 아들에 딸이 잘했으면 하고
마음 어린 것을 보고 있다.

내 못한 만큼 내 아들이
당신에게 잘하면
내가 그냥 좋다

하지만 꽃을 받을 당신이
5월에 가고 없어 슬프고
옆에 계시는 또 한 당신 가실 날
항상 마음은 긴장이다.

4월보다 5월이 내겐 가장 잔인한 달이다.

고향 길

고운 희망 안고
아련한 고향 언덕 초경 앓던 곳

소나기 만나
원두막에서 옷고름 짜던 곳

천둥소리
무서워 예수 찾던 곳

구절초 피는 길에
애총이 울어대던 곳

초가지붕에
켜켜이 눈 내리면
마고 할매 눈 뒤집던 곳

진달래 떠날 때
꽃문둥이 쫓기 듯 떠나온 곳

지금
그곳엔 골프채가
산을 옮기고
메기가 강을 파내고 있다.

귀농

사랑한다.

차창 밖에
한세상 우거진
산과 푸른 하늘이 거기 있다.

무심코
저런 곳에 살았으면!
그렇게만!

사뿐히
내딛는 흙길에
마주하는 꽃 풀이 웃고 있다.

손 내밀어 잡아본 너 참 예쁘다!

반백을 넘어서
꽃에게 말을 걸었다
꽃도 내게 말을 했다
마음을 트잖다

그래 우리!
눈도 트고 마음도 트자.

너 참 아름답구나!
사랑 한다구!
나도 너 사랑한다!

나비가 그리운 날

봄볕에
개구리가 개골개골 울면
올챙이가 꼬물꼬물 놀고

조팝나무 사이로
나비가 날면 복사꽃은
발그레 웃는다.

나 태어나기
오십 년 전쯤 산골 외딴길
찔레나무 그늘엔 꿈이 잠자고

머루 꽃
파란 알갱이가
부비부비 키우고

서쪽바다
작은 섬 동백꽃
석양에 툭
떨구는 오후

묵은 나무
담장 너머에
나팔 부는 목련화가
활짝 웃는 날

나는
외딴길 걸으며
오십 년 바다로 간 나비를
그리워한다.

나에게로 온 눈꽃

사람들의 생각은
다르기도 하고 같기도 하다
눈이 사람의 심성을 곱게 만들고
너와나 같이 가는 이 길에 눈꽃을 피운다.

지금 이 눈꽃은 내게로 와서
봄 눈물이 되어 소복이 땅에 쌓이며
소리없이 작아지고 있다.

나는 너를 부르지 않았지만
너는 내게 허락도 없이
나에게로 와 꽃눈물이 된 것처럼
나도 언젠가는
너에게로 가 허공에
산산이 흩어지리라.

낙조(落潮)

여울진 아쉬움이
서산에 걸려있다.

삶을 잃은 행인처럼
어디로 갈까
헤매는 나그네

바람 되어
여기저기 넘나들다
저녁 하늘에 걸렸다.

먼 곳을 바라보는
늙은 시간, 어느 날
추억처럼 색바랜 모습

이대로 한 일없이
지내온 날이 부끄러워
얼굴만 감춘다.

저 멀리 흘러가는
좁싸라기 구름처럼
그렇게 시나브로 가고 있다.

누에고치

알에서
자그마한 존재로 태어나
오직 뽕 잎만 먹고
거짓 많은 허물을
하나 둘 벗으며
이 세상을 살았다.

진실 되지 못한
모순들을 심장에서
걸러내지 못하고
어느 날 수많은 삶의 끈을
입으로 입으로 뱉어내
자신을 가두고
기도한다.

지나온 삶을 잊으리.
아득히 잊으리라!
용서의 의미도
공간 속 기다림
다음 생을 기다리리라.
욕망의 허물을 벗고
훨훨 날아 밤하늘로
미련 없이 날아갔다.

남겨진 탐욕의 빈집은
마릴린 먼로의
알몸을 가려주고
레오나르도 디카프리오
목을 조르기도 하고
성스러운 테레사 수녀의
두건이 되기도 한다.

눈 오는 날

그때처럼
이렇게 뻥튀기 같은 눈이
펑펑 쏟아지는 날이면

아파트 창가에
말없이 서서
눈은 사시가 된다.

포근한 그 눈 속에
잠자는 산새들

얼음 밑의
물고기 쫓던 친구들아
모두 잘 있느냐

이 밤 또
눈 내리는 창가에
나만 남겨두고

나는 훨훨 날아
고향집 뒷동산 간다.

풍금소리 울리던
그 작은 학교에 여선생은
아직도 "고향땅"을 치실까.

청자

귀 없어도 들려오는 세상의 목소리들

다듬고 보듬어서
잘 익은 오랜 마음
던져서 깨어졌어도 그저 웃는 얼굴이다.

입 있어도 말없이 푸른 눈빛 가득히
뜨거운 가마 속은 꿈속인양 멀어지고
모양새 어설프다만 제 생김에 고운 몸짓.

배 나온 저 빈속을
어찌 다 채우려나.
겉모습 보여주고 안 먹어도 배부르니

눈감고 한 천년 가면
빈 가슴 욕망 사라질까

돌부리

길을 가다
돌부리에 걸려
넘어졌다.

아!
아프다

우리는
돌의 존재를
아직도 모른다.

불면증

잠 못드는 밤
귀로 하늘을 보고
코로 땅을 만져본다
달빛이 침전하는
창문이 외롭다.

내 영혼이
오늘을 인식하기 전
나의 시각을 뛰어넘은
아침 햇살에
눈이 부시다

아! 또 늦잠이구나.

늙는 살갗에 쏟아지는
자외선이 무감각한 듯
굴곡을 넘는다.

나는 아까운
세상을 만나
초점 맞추기 힘든 눈을
문학의 관점에 대고
굴리며 돌리며
눈을 부라린다.

화려한 비상

봄비 내린 논에
개구리들의
이야기가 그치지 않는다.

안주하는
이곳에 소쩍새
여름 난다

천착하는
마음에 날개를 달고
하늘을 보자.

나는 긴 오후
정적을 깨우는
우주로 창을 내고
하늘 기둥을 타리라.

비웃음

사나이는
생각에 잠겨
알아보지 못했다
세월 흐름을
듣지 못했다

눈은
사시가 되고
귀도 듣지 못하는
청맹과니가 되어
아침소리에
비웃음에 섞인
자랑소리
듣지 못하고

쇠고기 덮밥만
꾸역꾸역 먹으며
강변 말달리는 바람소리에
귀를 씻고 돌아온 날

비웃음은
내 옆에 누워
나를 또 비웃고 있다.

산사

목탁소리 확성기로
예불가 울리는 조그만
산사의 큰 아침이다.

조반으로 딱따구리는
참나무 구멍 파는데
마당 쓰는 보살님
엉덩이가 무겁다.

아침 햇살이 부처님
대머리 비치면
땡 중 장삼 자락
아랫마을 찾는다.

산사가 다시 졸고
번뇌를 든 세상의
발길들이 오고 있다.
근심이 몰려오고 있다.

오솔길

긴 행로처럼
작은 가르마가 나를 부른다.
지금껏 헤매온 삶이 행인처럼
자작나무에 걸려있다

누구나의 천착으로 살아온 길
껍데기에 붙어 나지막이
손을 흔든다.

어제 나온 모종의 일로
가슴 태우다 오늘을 사는 우리가
푸른 그늘아래 숨을 나눈다.

아~이제 살만 하다.

숲 속에 오솔길이 부른다.
유일하게 오늘을 사는
우리를 부른다

우리의 만남

만나는 날마다
왜 그리 반가운지
그때마다 눈으로 비벼대며
손잡아 보는 것이 이리도 즐거운지

촌스럽게
길가에서 손잡는 바람처럼
너와 내가 만나는 것이
그대 향기 내가 합쳐져
한 송이 연꽃향기처럼 퍼져 감이 아닌가

흘러가는 강물처럼
부대끼고 섞이면서
살아감을, 누가 시키지 않아도
설렘으로 이래 살아감이 아닌가

만나고 또 만나고
살아가야 한다는 게
서로의 아픔을 끝없이 채우기
위함이 아니겠는가

너도나도
같이 사랑하면
기쁨의 만남이 배가되지 않겠는가.

한우곰탕

운동장 가에 곰탕이
벌써 세상을 기다린다.

점심때면 고민하는
메뉴에 한우곰탕이
이긴다.

오전 내 소진한
내 생의 버러지들이
뱃속에서 덜거덕거린다.

유명한
한우 대가리가
각종신문 헤드라인에
유명한 장관인사 청문회
기사를 보고 찡그린 채로
뚝배기 속으로 숨는다.

나만 유명한
곰탕인 줄 알았는데
호주 공관 소대가리가
한우 흉내를 낸다.

정적을 깨우는
우주로 창을 내고

제2부

암흑 속 고요를 깨면

가을비

아침
숨죽인 땅에
톡 톡 톡 혼자
맨발로 뛰어다닌다.

창문에
삐뚤삐뚤 매달려서
억척스럽게 따라와서는
손가락 따갑게 찌르는
밤송이 뒤에 촉촉이 숨는다.

허공에
스쳐 지나가는
가을나그네 궁둥이
툭툭 두드리고
뛰어가고 있다.

물드는 가을

가을이 탄다.

짧은 치마 입은
여인들이
사랑하지 않는
타인들과
미래를 간다.

저 미친 나라
생각대로 질서없이
떠나간다.

창궐하는
도색비디오가
가을낙엽이다

늙어도
초경을 치르고
애태우는 현실
만고에 추한 가을이
바람을 따른다.

가을은
외세 바람을
산마다 개성으로
가지가지 태우고 간다.

단풍

눈을 감는
그대에게
묵언의 삶이 떠나간다.

아무도
기다리지 않는
저 미지의 끝에
푸른 여운만이 남는다.

이 하늘
삭풍이
저만치 밀려온다.

하루살이
밤의 불빛 따라
이대로 자살이다.

아쉬움 없이
세상에 처박히어
찾을 수 없는 길로
떠나간다.

아주 멀리
사라져간다.

국화

바람이 울고
온 산이 붉어지는 산마을
귀뚜라미 숨어 우는
그런 가을에

지나간 봄 여름
푸르게 온몸
쑥부쟁이로 외롭게
맞서 살더니

지난밤 무서리에
참았던 울음
왈칵 터뜨리는
노란 국화야

한 때
모두들 싱글대던 이파리
다 쓰러졌어도
이슬에 세수한 듯
하얀 구절초야,

온몸으로 기다리다
찾아온 가을 들판에
네 얼굴 네 향기가
하늘에 쏟아지는구나.

달밤

강릉 초당동 27세의
서러운 한나절 시 한 수에
가슴 아픈 허난설헌
마음과 몸 정화를 위해
모래톱에 헌 옷을 벗고 눕는다.

원주 치악산
상원사 길에 구렁이가
한양 나그네 기다리며
빗질한 세월 지친다.

도천수 대비님께 빼앗긴 한
궁예는 한탄강을 마시고
춘천 길 혼자 가는
소양강 처녀 종아리 시리다.

관음송(觀音松)앉아
망한인 단종
왕방연 시 한 수 받고
시름 달랜 오백사십 년 세월.

달빛 참는 메밀밭
성 처녀
거뭇한 밤
효석이 순결 빼앗는 걸
오늘도 봉평은
메밀꽃으로 숨기고 있다.

개화

상사병이다.

치솟는 살의, 잎마다 핏물들이고
지랄이다.

저격수
진달래를 먼저 총살한다.

숨어서 겁먹은 동백꽃
먼저 육갑이다.

다 같이 타깃이
될 수 있는 걸 가슴으로 안다.

짧은 시간
오는 듯 가는 슬픈 비애다.

달

달이 일어서면
마을은
비상을 삼킨다.

밤의 자객은
은하수 시퍼런
은색 칼날이다

누구나
달의 피살자가 되어
어린 산에
쓰러진다는 걸 알고 있다.

오늘도
달빛의 애무에
세상이 당황한다.

나에게

외로 울 때
진로(眞露) 잔을 내밀고
무시로 찾아
망언도 하고

진로(進路) 못 찾고
헤맬 때 다정하게
걱정해 주고
잠 못 이루는
쓸쓸한 밤
문자 한 번 주고

進路를 이야기해주고
眞露를 가끔
같이 마셔주는
그런 친구가

오늘도
자가당착(自家撞着)적인
나를 혼자 옹호한다.

노랑나비

아지랑이가
영혼을 흔들고
꼬물꼬물 한 생명이
눈을 뜬다.

꿈속
아장 아장
발걸음을 떼고 있다.

눈을 감고
걸음은 계속된다.

봄하늘 타고
내려온 눈이
훼방을 놓아도
마지막 겨울바람이
심술을 부려도
의지는 하나

꿈이 시작되고
꿈은 시련을
가져다주고
꿈은 또 다른
희망을 만든다.

해님과의
반가운 해후
사뿐한 날갯짓에
아기 진달래 까르르 웃는다.

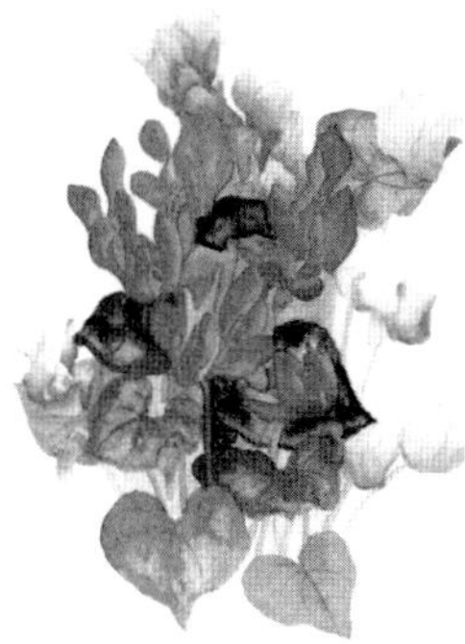

우리의 숲

연보라색
하늘이 걸어간다.

풀잎 이슬 머금어 안고
살포시 잠든 아침
또로롱 마주친 물방울이
고개를 든다.

영롱한 무지갯빛 해님이
긴 손을 내밀고
작은 실안개가
꼬리를 감추는 숲
푸른 나무 언덕에
우리가 있다

오늘 여행에
지친 나그네
쉬어가라고
바다 멀리
불어온 바람이
꽃 풍경을 울린다.

나팔꽃

시골집
흙 담장에
나팔꽃이 피었습니다.

줄기마다
송이송이
부처님 오신 날
줄등처럼
환하게 웃습니다.

오십 년
깨달음 얻으라고
온 동네 밝혀 놓고
여름내
피고 있습니다.

흙 담장 밑에
발길이
오랫동안
머물다
갑니다.

난초의 이별

여름내 뜨겁게
남아있던 기쁨은
기약 없이 바닥나고
쉽게 다가오는
이별을 몰랐는데
놀란 가슴 붉게
모르는 날만 간다.

지난밤 무서리 일을
달님만 알고
처진 푸른 잎 들고
해님만 보는데
아는지 모르는지
변하지 않을
행복만 있으리라
믿고 긴긴날 견디었는데
이렇게 쉽게 생각하는
이별이 올 줄이야.

찢어진 가슴만
초겨울바람에 펄럭이고
반쪽가슴만 시리고 떨려
변한 세상에 남은 가슴
땅속에 묻고 언제 볼까
요즘 삶의 끝이 이런가요
달님에게 묻고
별님에게 묻는다.

냄새

아귀가 몸에
들어왔나 보다
역하게 올라오는 비린 내음
간부의 절정에 드리운 오묘한 냄새
젊은 과수댁 냄새에 코가 곤두서고
아랫도리 힘이 들어가는 눈을 감는다.

바닷가 못다 떼어낸
고기무덤에서 나오는 냄새
홀아비 바지춤에서
올라오는 냄새가
원주 중앙시장 오십원짜리
공중 똥뒷간에서
잉잉 흘러나온다.

냉장고 냄새
배꼽냄새
노랑 발 냄새
인간들의 죽음의 냄새가
밥 끓는 냄새처럼 구숩다.

바닷속 모랫벌에서
꾸불꾸불 미끄러져
양미리 유영처럼 올라온다.
씻어도 씻어도 나는 냄새
씻기를 포기하고
손으로 모두들 입을 가리고
똥구멍을 닦고
밥을 먹는다.
맛있게 먹고 있다.

너의 날 나의 마음

붉은 잎새에 여리는 떨리움
푸른 잎새에 울리는 가리움

장밋빛 서리운 명암 속
탄생의 그리움 보았듯

당신의 시리도록 고운 고개 숙임
순종의 맹종이 그리 내 좋았을꼬.

그대의 헤아림에 묻혀진 세월
촉촉히 젖어오는 이 날들

해마다 오는 당신의 날들
후회 없으리 그대의 날.

*아내의 45번째 생일날 2005년 1월 24일

노루

먼 산마루
골짜기에 사는 너는
속세를 벗어난 선비냐.

굽이 높은
구두를 신고
조심조심 사뿐사뿐
걷는 너는
여인가 보구나.

고개를 길게 빼고
도도하게 돌려다 볼 때
눈조차 맑게
세상이 빛나는구나.

바라보는
시선이 부담스러워
더 깊은 곳으로
숨어버리면

사냥개들이
할 일 없는 밤마다
너를 쫓는다.

세계화

이천오 년
길가에 보이는
국제결혼 현수막
없어질 때도 되었는데

촌가에 널린 기저귀
보기 좋다 저 집에 어김없이
새 생명 있을 테니

초등학교 운동장 노니는 아이들
머리 색 좀 보소

우리나라도 다국적
다문화의 공존으로
머지않아 혼란하지 않을까 몰라

아내는 베트남
며느리는 우즈베키스탄
손자는 불멸의 한국인?

횡성 댐

산이 산을 낳고 있는
횡성 댐이 만수위다

수몰된 마을이
막달 찬 하늘 밑에 신음이다

산 사이사이
늙은 녹음을 깔아놓고
해산을 한다.

계곡마다 더 큰
산을 안고 힘을 준다.

양수 터진 하늘이
가을을 낳고 있다.

잠시 진통이 멎은 듯
멀리 해오라기 한 마리 난다.

금방 터질 듯
부푼 가을 댐이
할 말 많은
영혼들 입을 꽉 잡고 있다.

바다

바다가 달려오고
파도가 맨발로
바다 위를 걷는다.

기상한 태양이
길게 비쳐오는 바다 위로
갈매기의 유영이 펼쳐지고
꿈을 싣는 어부들의
아침이 시작된다.

높게 부서지는 파도에
온몸 내어 맡긴 고깃배들이
노 저어간다.
고기를 건지러 한껏 힘을 내는 바다
그렇게 어부 삶이 끈끈하다.

희망을 찾는
우리들의 마음이
바다 한가운데로 달려가고
내 꿈도 따라간다.

항상
드나드는 파도 속으로
우리들의 모습이 빨려 갔다
다시 돌아오는
바다

오늘도
하늘이 고와지면
수평선 파도 위에
조그만 꿈이 물거품 사연 되어
하얗게 피어오르겠지.

더위

더위는 내 스승이다.
내 인내력을 시험한다.

지친 풀잎들도
누워 버린 한낮

사계도 없는 듯
녹아내린다.

이글이글
볶아대는 통에 이리저리
피해다닌다.

마당에 똥강아지
열대야에 달궈진 몸뚱이
땅 구덩이를 파고
드러눕는다.

지각이 화를 낸다.
몰지각하다고
태양이 가깝다고 팔분광속이
아니라고 경고하고 있다.

동박꽃
- 생강나무

이른 봄날에
그리움이 녹아들고

가슴속 맺힌 동한(冬寒)
가지 끝에 망울지어

노오란 쌍겹 속
차가운 사랑
열정으로 감쌀 때

점순이 치마폭에
알싸래한 향기가
쏟아지는 봄.

여름밤 향연

흙냄새 뽑아내던
태양도 서쪽을 찾고
그림자 긴 걸음 할 때
어둠이 밀려오는
산 밑의 개구리
입에 풍선을 물고
하나 둘 떡머구리 따라
모내기 끝낸 논에
신방을 차린다.

초여름 밤
주례 없는 결혼식
밤무가 시작되면
이중주 삼중주
합주가 펼쳐진다.
자동차 불빛이
조명을 대신하듯
신작로를 큰 북 울리듯
"쿠앙" 지나가면
조~용

맹꽁이 지휘자
"꿩꿩 꽁꽁" 다시
시작을 알리면
밤의 연주자들
이 밤 가기 전에
이 밤이 새기 전에
다들 미쳤어!
이 밤이 새기 전에
개구리가 미쳤어!
인간들이 미쳤어!
다 같이 미쳤어!

개울 돌

반쯤
지나는 물이 낯설지 않다
다슬기가 쉬어간다.

강변
친구들은 잠자고
쏘가리야 반갑다.

나는
물속을 뛰어가다
쉬는 곳이 이곳이다.

나를 더듬어도
나를 굴려도
나는 화를 내지 않는다.

물도 다슬기도
쏘가리도 사람들도
싫어하지 않는 나는
부드럽게
시내(川)를 활보하고 있다.

여기에

내려다 본다
앞 논엔 봄 소리
그치질 않는다.

기차길
아지랑이 봄조차 조용하다
밤차는 산바람 타고
빈차로 달려가면
불 밝혀 있던
외딴 집도
잠이 든다.

가로등은 이따금
졸다 놀라 깬다
달려드는 부나비에
잠을 설치나 보다

외딴 산을 지나는
철탑 경고등
암흑 속 고요를 깨면
노루 한 마리
조용히 자리 잡는다.

메밀꽃

봉평 산허리 돌밭
누가 돌보지 않아도
제 맘대로 흐드러지게
널려 핀 꽃

척박함을 원망하지 않고
말없이 피어난 꽃
자연에 순응하며
보는 이 없어도 산밭 가득
순백의 아름다운
향기가 흐르고

외로운 가슴속
고요히 비친 저 달 아래
물레방앗간
성 서방네 처녀는
누구를 기다리는
마음일까

심심한 산속에
민초들의 옛 향기가
남아도는 오늘도
허생원은 봉평장에
나귀를 몰고

하얀 초가을
달빛 아래
까만 열매
사각사각
영근다.

그리움

잠이 오지 않는 밤
어두운 거울 속에 있다
보기 싫은 내 못난 얼굴이
지나온 세월을 되밟아 가며
아까운 시간을 주워담고 있다.

어느 개울에서 물장구치고
어느 겨울날 눈 속에서 뛰놀던 시절에서
되돌아오기를 반복한다.

어른이란 말은 세월이 가져다준
마른 북어껍질 같은 것
선명하게 떠오르는 그리움
오늘도 낯선 밤을 또 새우고 있다.

그러다 너에게
숨기고 있는 마음 들킬까 봐
어느 순간 한숨은 망각되고
조용히 아침이 되곤 한다.

그런 몽환 속에
나란 존재는
그렇게 이렇게
과거형이다.

바다야

늦은 밤바다를
홀로 거닐어도
백사장은 웃는다.

수평선 너머 고깃배
밤을 삼킨 바다가
우리들의 추억도
깊은 바다 속으로
끌어들인다

어디선가
들려오는
달을 먹는
파도 소리에
어두운 바다에서
수많은 고기
환영이 번뜩이면
구름이 가리운다.

불꽃이 사라진
젊음을 삼킨 바다야
미치지 말고
오늘 밤은
잘자라.

정적을 깨우는
우주로 창을 내고

제3부

산허리에 안개처럼 피는 이야기꽃

봄

봄이다!

천지 만물
눈을 즐겁게 하고
황홀해 하는 심오한 봄

노들강변으로 봄 마중 가자
능수버들 흰 목련이 반기는
한강변으로 가자

꽃들은
어찌 저리 아름다운가?
그동안 강물아
흩날리는 아까운 꽃을 얼마나
날아갔니?

만고의 긴 세월
억겁의 인연의 꽃이
올해도 흩날리고 있구나.

말하는 봄

늘 열한 시쯤
짖는 발바리
배달부 오나 보다.

나무로 짜
매달아놓은
우체통 위에
우편물이 놓여있다.

웬일일까
우체통 안에
곤줄박이가
둥지를 틀었다.

고야나무 상순에
앉아서 비켜달라고
비! 비! 비! 비!
말하는 봄.

봄눈

치악산에
봄눈이 매달려 내려온다

함박눈 사이로
질퍽대며 봉우리 돌고 돌아
들판에 내려앉는다

잔디가 눈을 먹고 있다

겨울이
봄비에 살이 빠지고
얼음이 죽어가고 있다

햇살이 땅에
스미고 눈을 비비고 있다

물먹은 대지가
꿈틀 기지개 켠다

산속 사는 동안

후미진 불빛의 경계
쓸쓸한 어둠의 의식
밤은 이미
장막을 두르고

응달진 담 밑에
옷을 벗는 산
보는 이 없어
하얀 뒷물이다.

야생화 한 송이
입 가리며 웃고
접동새 소리
어둠에 묻혀 온다.

세상을 상상할 때
가을 박 둥근 엉덩이
홀로 피어 앉아
내 뒷간에 살 냄새
솔솔 풍기면
멀리 치마끈 푸는
여인의 소리
들려온다.

봉숭아

때때로 냉가슴
토하듯 붉은 꽃잎
손톱에 물든 걸
가끔 부정하려고 첫사랑을
몰래 찾아본다.

비가 오면
큐피드 화살이
엉뚱한 가슴을 터트릴까
더러는 원망하며
허공을 가르는
제트기 소음처럼
공허한 가슴 잡고
건드리면 터질
준비만 한다.

언제든지
터치하면 보여줄
까맣게 만삭 된
가슴 열지 못하고
봉오리 조인다.

마당 한복판에
싱싱하게 사랑 머금었던
백모 양과 오모 양의
터진 봉숭아 사랑에
오동통 하얀 종아리
이제는 모두 돌아본다.

4월의 바다

용궁 추녀에 매달린 풍경이
밤새워 소리치면서
4월의 무엇인가를 알려온다.

서해 바다는 아직 차고 시린데
파도 가득 할 말들이 부서지면서
청춘을 삼킨 4월의 애태우는 봄바다

모두 바라보는 바다가
회오리 바람 타고
거품 가득 허공에
흩날리는 4월의 눈처럼
흔적도 없이 사라진
밤바다가 달과 함께 울고 있다.

무심한 바람 풍랑 속에
해당화 제 혼자 아무 말 없이
바다에 떨어지는 꽃잎처럼
울고 있는 4월 바다가 슬픔에 젖어있다.

숨기고
감추고 있는
4월의 바다는 답답하고 비통하다.

산

저 산봉우리
마치 갓 나를 품은 듯
황홀하구나.

먼 듯
가까이 다가옴은
수줍어서일까!
노을빛 붉게 외면한다.

한가롭게 바쁜 저산은
신비한 눈초리
말없이 뿜어내며
우리를 보고 있다.

가끔은
비밀스럽고
가끔은 외설스럽고
또는 황진이보다
더 고운 옷으로 갈아입고
나를 맞아줄 때면
나는 나만의 이야기로
너를 맞는다.

辛卯年 새해(2011)

庚寅年 풍설이 섞어 친 날은
섬강 칠백 리에 흘려보내고

푸른 느티나무에 접동새 두견이 소리
한가로이 들리는 곳

밤마다 은한이 함박꽃에
쏟아지는 이곳에

辛卯年 새해야 솟아라.
힘차게 솟아라.

태기산에 솟아라.
어답산에 솟아나서

횡성 현 팔방을
구석구석 비추어라.

서울 하늘

한 중년이 서울 하늘이다.

때절은 모습으로
한강이나 남산이나
인왕산이 구걸을 다닐 때가 있었다.

59년 만에
봄비로 소나기가 미칠 듯이
이틀 동안 중년을 씻긴다.

옷이 젖고 또 젖고
흘러내려 종아리가 드러나고
양 어깨가 드러나고 보니
이런! 젊음이
아직도 싱싱하다

중년을 바라본다.
오늘은 모두 다 좋아한다.
세수한 중년을
모두 품고 오랜만에
깨끗한 잠을 자본다.

시답잖게

젊은 날의 초상
문학이 정의적 상태
기능 문학으로 효용론적 개념

윤리적 교훈
미적 시어의 감동
꽃다움의 감동
예술의 모든 것을 시답잖게 볼까 보다.

삶의 긍정적 기여
이론의 범주 수용론 능동적 참여자
자신의 경험세계 반영
생산적 관점에서

시란 무엇인가
나는 지금도 포괄적인 시답잖은 글을
시답잖게 인용하고 있다.

시상

늦게 핀 꽃봉오리
속살 부끄러워 않고
햇살 밑에 가랑이 벌린다.

그래 이렇게 망가져 보는 거야.

속속들이 내놓고 보니
팔월 더위에 초록들도
덩달아 늘어진다.

내가 시공을
하늘 아래 던져놓고
졸고 있는 사이
덧문을 향해 난
부엌 시렁으로
갈증이 내려다본다.

얼마나 더
작아져야
얼마나 더
떨어져야
저 *피안(彼岸)의
세상으로 들어가려는가.

*피안(彼岸) 현실 밖의 경지

아버지의 대추나무

늙은 대추나무에
걸린 별이 하나였다가
둘 셋 이였다가 한다.

아들 집에 갔다가
하룻밤도 안자고 김치만 전해주고
와서는, 내 곁에서 살찐 코를 고는
아내가 사랑스러울 것도 없이 편하다.

"내 집이 제일 편해"
그 말이 내 잘못 같아서
아들에게 이젠 옛날처럼
호통칠 힘도 능력도 없어진 나

대추나무에 걸린 별을
바라보며 유년시절 아버지께서
내게 이렇게 하셨던가

생각해보지만
그래도 손녀딸 올 때마다
아들 내외 잠자리 걱정에
비워두었던 방에 불 지피고

뜰 앞 대추나무 바라보노라면
대추가 과일 중에 으뜸이라고
하시던 아버지 말씀만 저 대추나무 끝에
걸려, 오늘 밤도 말없이 내려다본다.

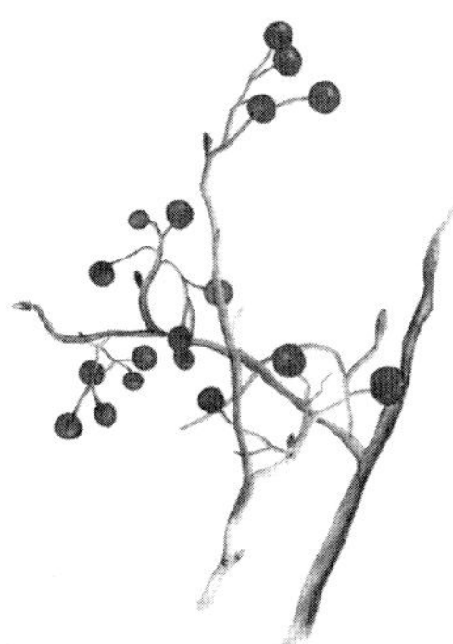

아쉬움

꽃이 태어나고
내가 피어나고
산수유 깨어나고

내가 노란 꽃을 피울 때
온 산이 울어대고

내가 뿌리를 내리고
초연한 향기로 세상을 알때
초목들이 같이하고

그 열매 붉게 물들여
성숙합니다.
그리운 이여
저 좋은 날을 어이 혼자
버립니까

그리운 이여
온 산이 석양이면
외롭고 아쉽더라도
이별이 온 겁니다.

어쩌란 말 인가요
이 향연에 초대받았고
연회는 끝이 나네요.
애틋한 아쉬움에
꽃잎 깊이 새겨두고
떠날밖에

꽃잎에 새겨지는
입술 자국 남겨두고
떠날밖에

아줌마

나 혼자 외로울 것 같다고
내방 책상에 마주앉아서
붓글씨를 쓰고 있다

글 쓰는 나는 귀찮다고 해도
알만큼 배웠으면서도
남을 가르치기까지 하는 여자가
나가달라고 인상을 써도 안 나간다

나 예쁘지?
귀여워 좋으면서 뭘!
당신은 내꺼야 라고
어쩌면 책임과 의무를
내 머릿속에 새겨 넣듯이
내 셔츠에 페인팅을 한다.
셔츠마다 梅蘭菊竹이 그려져 있다.

저 *환웅(還熊) 같은 여자의 속심이
그래도 그 어떤 말보다
좋을 듯도 하다
자기 체취를 발라놓고
아무도 내 곁에 오지 못하게
나에게 영역표시를
해대는 것 같다.

*환웅 돌아온 곰

아카시아 꽃

햇살이 따가운 날
땅을 타고 날아든 향기 언덕에
하얗게 핀 꽃을
보게 되었던 거에요.

요정들이었어요
송이마다 속삭이며 매달려
수줍지도 않게 자신을 드러낸 거였어요.

바라보는 나에게
줄줄이 몸 흔들어 향기를 보내며
나를 유혹하는 것 같아요
하얀 미소가 거꾸로 내 시각과
후각을 사로잡았어요.

그런데 옆에서는
자꾸만 시들고 있는 거에요
어떻게 해요
복지관의 하얀 처녀 같아요.

어쩜 좋아요
시나브로 시드는 그 아가씨 같아요.
불쌍해요
이 계절이 가기 전에
저 꽃이 지기 전에
인용하나 만들어 주고 싶어요.

겨울밤

청산도 제 빛 잃고
강물도 제 길 잃고
바람은 소란스럽게
가는 세월만 재촉하고
휘영청 밝은 달이
목을 길게 늘이는 밤

시원하게 가슴
채워줄 벗 없어
묵은 소설만 읽는다.

반쪽난 산 그림자에
외로움만 더하고
깊지 않은 마을
인생을 논할 친구
찾아도 없구나.

저 빈 마당이나마
깨끗이 쓸고
평생에 남은 벗들
찾아오면
내 집 비록
누추하나마
맨발로 나가
반기리라.

나의 숲

마을 숲 앞
연미(燕尾)복
푸르게 갖추어 입고
마중나온 신부가
싱싱하게 아름답다.

신록의 침대
초저녁 구름의
걸쭉한 방사에
여름이 청록의 가르마 탄다.

수줍게
잉태한 푸른 새색시
부푼 젖가슴에
대지가
살이 찌고
꿈이 살아나고 있다.

여름

신록의 밤이
주렴을 드리우면
어둠의 숲이
전희의 바람에게
온몸 내맡기고
눈을 감는다.

숨 막히는
열기 쏟아내며
한차례 격정 같은
밤이 늘어진다.

밤이 하얗게
훑고 지나간 계곡
흠뻑 젖은 아랫도리
뻐근하게
맑은 개울이
넘쳐흐른다.

이럴까!

나보다 잘하면 시샘나고
나보다 잘났으면 얄미워하고
나보다 예쁘면 시기하고
내 의견과 다르면 싫고
다른 사람과 친하면 이간질하고
야단맞으면 고소하고
실연당하면 당연하고
잘난 남자 만나면 낚시 잘한 거고
못난 남자 만나면 제 팔자고
내 생각과 다르면 비웃고
사람들이 따르면 유언비어 퍼트리고
나보다 잘나가면 잠 못 자고.
남의 자식이 잘되면 개천에 용 난 거고
내 자식이 잘되면 내가 잘난 거고
남의 마누라 예쁘면 안 어울린다 하고
남의 마누라 안 예쁘면 당연한 거고
남의 마누라 재주 좋음 배 아프고
남의 마누라 뚱뚱하면 풍만해서 좋다 하고
남의 마누라 예쁘면 어찌어찌 해볼까 하고
남의 마누라 술 잘 마시면 잘하는 짓이고
내 마누라 술 잘 마시면 정신 나간 거고
이렇게 사는 이 시대 사람들 모두 정신 나간 거고.

오십의 밤

모두가 자는 밤
혼자 인터넷 연결 안 된
컴퓨터 한글 쓰기만 되는
자판 두드리며
노트북 가져간
아들 걱정이다.

새것은 아들놈 주고
헌것을 쓰는 내가
그냥 편한 마음이다
다들 궁상이라 하겠지만
내가 나를 치장 안 함을 못 속이겠다.

왜! 돈이 없으세요?
아니 그냥 이게 편해!
이젠 좋은 것도 취하고
새것도 쓰고 보약도 먹어요!
아내의 말
겉치레 벗고
나 혼자 맘 편하게

자네가 낡고
나도 낡고
컴퓨터도 낡고
좋잖아

포기하는 아내에게
빙긋이 웃으면서
겨울 보낼 궁리만 한다.

이별의 노래

귀뚜라미 울어대는
아까운 두 마음

가로등 밑에
가는 목소리
불빛에 묻어
강물이 되네

시작이 있으면
끝이 있듯이
마주보는 눈빛
사랑이 저무네

가려다 돌아보는
눈망울 속에
아쉬운 작은 별이
숨어 기다려
하늘 가리네

가슴에서
내민 손 잡으며
돌아설 때
심장이 멎어 피 맺힌
환영만 아스라이 흐르네

잊어라

서울 어느 하늘 아래
오모 양 연애 한 번에 세상 사람들아
질투는 왜 하고 난리부르스냐.

내가 보긴 오모 양 사생활은
불륜도 아니고
대학가 계약 동거도 아닌데
아무려면 어떠냐고 캐물을 필요 뭣이더냐

때 되면
연애도 못하냐
그 아리따운 몸
누가 안고 놀까 부럽기는 하다만…….

잊어라
오 양은 하나다
비디오로 보았으면
만족하고
침 닦고
가을밤의 들국화 같은
마누라나 사랑하자.

인연

아무리 살펴봐도
너 만한 애들 없었노라

어디로 갔을까
이전 네 모습 네 마음
다시 돌릴 수 없니
가슴으로 낳고
진심으로 길렀는데

윤리마저
잃어버린 현실
되돌리어 살피자꾸나

야속해하는 네 마음
겁없이 사회에 속없이 덤빈
진창에 뛰어든 망아지야

이렇게 배신할 만큼
젊음이 좋더냐고
쏟아낸 밑거름소리에
하늘만 까맣고
가슴이 찢어지다
심장에서 피가 뚝뚝 떨어진다.

날아가려는 속 빈 마음
넋 나간 하늘이 작아지는 지금
인연으로 원망 되는 하늘을
흐린 눈으로 올려다본다.

장날

등기소 길 모퉁이
장터를 돌아 나온 이야기가
가을 하늘 지나간다.

낯선 시선들
말년의 문턱에 앉은
할머니 눈초리가
이 날만큼은 살아있다

자연산 한 움큼
시골 향기 가득 담긴 바구니
좌판에 앉아 하품을 한다.

늦은 시장끼
막걸리 잔 마주 들고
기억 저편 언덕에 지워진 시간들
산허리 안개처럼 이야기꽃이 피고

깊이 파인 주름 속
사연 많은 목소리로
"자연산이요!"

파장의 좌판에 햇빛이
길게 서둘러 기어간다.

정적을 깨우는
우주로 창을 내고

서평

서 휘 시집 서평

바다를 건너려는 욕망, 누에의 꿈

송영순(평론가, 상지대 국문과 겸임교수)

바다를 건너려는 욕망, 누에의 꿈

송영순(평론가, 상지대 국문과 겸임교수)

서 휘 시인의 첫시집 [정적을 깨우는 우주로 창을 내고]는 쉰의 고개를 넘으면서 삶을 성찰한 명상자의 길을 펼쳐놓고 있다. 그의 명상은 삶의 정서에 집중적으로 드러난다.

묵묵히 걸어가던 길에서 만난 사물들은 시인의 시선에 사로잡혀 자신의 내밀한 속내를 한 꺼풀씩 꺼낸다. 그는 주변의 사물들과 함께 살아가면서 끊임없이 나름의 방식으로 한 편의 시를 얻는 길을 걷는다. 마치 누에고치가 뽕잎을 먹으며 자신을 가두는 집을 짓는 것처럼 시의 집을 짓고 있다. 그러나 누에가 한 마리의 나비가 되기 위해서는 자신을 가둔 집을 허물지 않으면 안 된다. 나비가 되는 길, 그것이 시인이 추구하는 시적 세계라고 할 수 있다.

시인은 끝없이 자신을 가두는 욕망의 집들을 허물려고 우리들의 일상에 시선을 돌린다. 누에의 집짓기만큼이나 허물벗기의 고단한 삶이 바로 서 휘 시인의 삶이며 시쓰기이다.

'누에의 집짓기' 와 '허물벗기' 를 팽팽하게 견지하던 시인은 쉰이 넘은 나이에 이르러 '허물벗기' 에 더 천착한다. 허물 벗은 자리에서 시인은 스스로 묻는다. '눈감고 천년가면 빈 가슴 욕망 사라질까' (「청자」) 시인이 천년 동안이라도 시를 짓겠다는 욕망이다. 그래서 그의 시쓰기는 삶의 욕망과 시쓰기 욕망 사이에서 길항한다. 시인은 삶에 대한 욕망을 뱉고 뱉어 자신의 허물을 하나씩 벗기는 것처럼 시인이 행로는 고단하다.

허물벗기, 그것은 그의 의식에 자리한 삶에 대한 해석의 한 방식이다. 그래서 그의 삶과 시세계는 사물의 존재와 만난 자리에서 실현된다. 자신의 허물을 하나씩 벗기면서 삶의 존재성에 천착한 그가 짓고 있는 집은 길 위에 세워진 돌의 존재성에서 확연히 드러난다.

길을 가다
돌부리에 걸려 넘어졌다.

아! 아프다

우리는
돌의 존재를 아직도 모른다.
－〈돌부리〉전문

삶이 무엇인지 알고 살아가는 사람은 아무도 없다. 그것을 모르기에 살만한 것이고, 삶을 다 살아야 삶이 무엇인지 말할 수 있을지도 모른다. 시인이 길을 걷다가 돌부리에 넘어져 돌의 존재성을 아는 순간 삶의 존재성도 드러난다.

그럴 경우 '돌부리'는 무엇인가 무심히 걷던 발걸음을 넘어지게 만들어 아픔을 알게 하는 매개체가 된다. '아! 아프다'를 한 연으로 처리한 시인의 절제된 언어 속에서 아픔의 무게는 더 깊게 느껴진다.

아픔의 무게만큼 삶의 존재는 온통 '돌부리'를 만나는 길일지도 모른다. 그것은 '아직도'에서 감지되어 앞으로도 영원히 모를 것이라는 것이다.

그 '모른다'에서 출발하고 있는 물음표는 어쩌면 '안다'와 연결된다. 진정 아무것도 모른다면 모른다는 답조차 할 수 없다. '모른다'의 언어부정은 노장의 언어 부정론과 연결된다. 부정은 부정을 통해 긍정을 드러내는 언술구조이기 때문이다.

노장에서 말하는 도는 무와 유의 계열로 설명되지 않는다. 그것은 역설과 부정으로 본질을 해체해서 존재성을 드러낸다. 부정과 역설은 긍정에 대한 부정이며, 부정에 대한 긍정이기 때문에 통합의 언술구조로 설명된다. '돌의 존재를 아직도 모른다' 의 언술에서 시인은 끝없이 돌의 존재성에 천착해 왔다는 사실을 증명하고 있다.

시인이 계속해서 '모른다' 의 언술로 알고 싶어 하는 것은 '세월' 이라는 시간성이다.

사나이는
생각에 잠겨
알아보지 못했다
세월 흐름을 읽느라
듣지 못했다

눈은 사시가 되고
귀도 듣지 못하는
청맹과니가 되어
아침소리에
비웃음에 섞인
자랑 소리
듣지 못하고

쇠고기 덮밥만
꾸역꾸역 먹으며
강변 말달리는 바람소리에

귀를 씻고 돌아온 날
비웃음은 내 옆에 누워
나를 또 비웃고 있다
-〈비웃음〉 전문

세월의 흐름을 읽느라고 알아보지도 못하고, 듣지 못했기에 자신의 눈은 사시가 되고, 귀는 청맹과니가 된다. 정확하게 보지는 못하지만 들리는 소리는 강변에 말달리는 바람소리처럼 들리는 것은 '비웃음' 이다. 시인이 결국에 들으려고 했던 것은 자신의 내면에서 들은 비웃음뿐이었다. 아무것도 들을 수 없다는 부정의 논리는 무엇인가를 들은 긍정으로 있다. 그가 들으려고 했던 것은 바로 '세월의 흐름' 이다. 듣는 청각의 이미지와 연결되고 있는 또 다른 이미지는 바로 시각인데 시인의 눈을 '사시' 로 표현되는 것에 주목할 수 있다.

사시는 정면을 멀리 바라볼 때 양쪽 눈의 시선이 평행하게 되지 않아 사물을 온전히 볼 수 없는 상태를 말한다. 시인이 말하는 '사시' 는 똑바로 볼 수 없음을 의미한다. '볼 수 없다' 의 부정은 '듣지 못한다' 의 부정과 연결된다. 보지도 듣지도 못하는 세상은 어떤 세상일까. 그 세상을 보는 눈은 무엇이며, 무엇을 보려고 했던 것일까. 그가 매달린 것은 문학이며, 그것은 문학을 통한 삶의 존재성이다.

나는 아까운
세상을 만나
초점 맞추기 힘든 눈을
문학의 관점에 대고
굴리며 돌리며
눈을 부라린다.
- 〈불면증〉에서

시인은 세상을 바라보는 눈이 '사시' 이기에 늘 불완전했다. 온전히 세상을 바라볼 수 없는 눈은 오직 문학이라는 돋보기가 필요했다. 문학의 돋보기로 초점 맞추고, 눈을 이리저리 돌리고, 또 눈을 부라린다. 보이지 않던 세상은 문학의 돋보기를 통해서는 환히 보일 것이라는 믿음이 있기 때문이다.

시인은 자신의 눈이 사시라고 명명하는 순간부터 그는 이것을 놓지 않았기에 불면의 밤을 지낼 수밖에 없었다. 그가 세상을 읽어 낼 수 있는 눈은 바로 '문학' 이라는 돋보기로서만이 가능했다. 그가 보려고 하는 '세상' 의 존재는 문학을 통해서, 문학을 하면서 가능해졌다. '사시' 였던 그의 눈도 온전히 교정되어 사물의 본질을 어렴풋이 볼 수 있게 되었고, 그 자리에 시가 탄생하는 것이다.

그때처럼 이렇게 뻥튀기 같은 눈이
펑펑 쏟아지는 날이면

아파트 창가에
말없이 서서 눈은 사시가 된다.

(중략)

나는 훨훨 날아
고향집 뒷동산 간다.

풍금소리 울리
그 작은 학교에 여선생은
아직도 "고향땅"을 치실까.

– 〈눈오는 날〉에서

뻥튀기처럼 함박눈이 내리던 날 시인은 잠 못 들고 아파트 창가에 서성거리며 사시가 되어 유년시절로 돌아간다. 유년시절은 시의 고향 뒷동산이다. 의식의 날개를 단 나비는 '훨훨 날아 고향집 뒷동산' 으로 가서 '고향땅' 이란 노래를 풍금으로 치던 여선생님을 만난다. '눈' 과 '고향', '여선생' 은 유년시절의 낭만적인 핵심어가 된다. 동심으로 돌아가게 하는 '눈' 을 바라다 본 시인의 '사시(눈)' 은 시간과 공간을 뛰어 넘고 있다. 또한 시골 초등학교의 대명사인 '풍금소리' 는 조용히 내리고 있는 눈의 시각적 이미지에 청각적 이미지를 더하여 한 편의 아름다운 서정 공간을 낳고 있다. 아름다운 유년시절의 시간과 공간을 넘나드는 시인의 상념은 살아온 삶을 되돌아보는 시간이 된다. 시인은 늘 삶이 무엇인지에 대한 물음을 가지고 시를 써왔기에 자신의 삶을 성찰하는 눈은 언제나 살아서 의식의 날개를 편다.

알에서
자그마한 존재로
오직 뽕잎만 먹고
거짓 많은 허물을
하나둘 벗으며
이 세상을 살았다.

진실이 되지 못한
모순들을 심장에서
걸러내지 못하고
어느날 수많은 욕망의
끈을 입으로 입으로 뱉어내
자신을 가두고
기도한다.

– 〈누에고치〉에서

나는
외딴길 걸으며
오십년 바다로 간 나비를
그리워한다.

–〈나비가 그리운 날〉에서

시인이 자신의 삶을 되돌아보면서 성찰한 것은 '누에의 삶' 이었다. 누에처럼 시인은 뽕잎만 먹고 입으로 실을 뱉어내는 일에 천착한다. 누에가 실을 뽑아낸 길이만큼, 그 실이 겹겹이 쌓여 집 한 채를 짓고 그 속에 갇혀 기도하는 일이 그에겐 시 한 편 짓는 일이었다. 실을 뽑아내면서 수많은 거짓의 허물을 벗으려고 노력했고, 심장에서 걸러내지 못한 수많은 욕망의 끈을 뱉어냈다.

실을 뱉으면서 지은 집 속에 다시 자신을 가두는 모순의 진실 앞에서 시인은 기도할 뿐이었다. 그것은 때론 자신을 가두는 혹독한 형벌처럼 단단한 누에의 집이 되었지만 허물을 벗으려는 노력은 끝없이 이어진다. 시 〈누에고치〉에서는 시인의 세상살이의 모습을 단적으로 보여주는 기호들이 가득하다.

시인이 누에의 집에서 언제 나왔을까. 그것은 나이 오십이 되어 바다를 본 나비의 비상에서 찾을 수 있다. 홀론 외딴길을 걸으며 오십년을 묶어 바다로 간 나비의 발견이다. 시인은 드디어 나이 오십이 되어 나비가 된 것이다. 누에의 삶에서 날개를 단 나비는 생의 전환점이 된다.

의식의 날개가 날아서 세상의 기호를 읽어 내듯이 그동안 돌부리에 걸려 넘어진 세월, 아픔을 견디며 살아온 시간들, 문학이라는 눈을 달고 드려다 보려고 했던 삶의 궤적들은 오십이라는 지천명의 나이에 바다를 건너게 된 것이다.

의식의 날개를 단 나비는 바다를 건넜는데 시인은 또다시 그 나비를 그리워하는 것은 무엇 때문일까. 바다의 깊이를 알지 못하고 바다가 찬 줄도 모르고 바다로 간 김기림의 '나비' 처럼 아직 발이 시린 공주처럼 불완전하다.

의식의 날개는 진행형으로서 지속될 수밖에 없기 때문이다.

봄비 내린 앞 논에
개구리들의
이야기가 그치지 않는다.

행여 안주하는
이곳에 접동새
지루하게 여름날까

천착하는
마음에 날개를 달고
하늘을 보자.

나는 긴 오후
정적을 깨우는
우주로 창을 내고
하늘 기둥을 타리라

–〈화려한 비상〉 전문

의식의 날개를 단 시인의 상념은 우주적으로 확장된다. 애벌레에서 깨어난 나비는 비상의 이미지를 상징한다. 개구리의 울음소리, 새의 비상은 봄의 역동성을 통해 시인의 의식을 활기차게 드러낸다. 개구리는 물속과 땅위를 넘나드는 생명체이다.

물속에 있을 때는 의식이 침전하는 상태라면, 물 위로 나올 때는 의식이 날개를 단 것과 같이 무의식의 표출을 뜻한다. 그리고 이어지는 2

연의 접동새는 비상을 상징하기에 지상을 넘어 천상의 공간으로 이동한다. 그래서 이어지는 3연과 4연에서 의식의 날개는 우주로 날아간다. 즉 땅속에서 지상으로 그리고 다시 천상으로 이어지는 의식의 날개는 보다 넓은 우주로 날아 '하늘 기둥' 을 타고 무한 공간 우주로 확장된다. 우주로의 통로가 '창' 으로 설정된 것 또한 뛰어난 발상이다. '창' 은 '문' 을 상징하며 이곳과 저곳의 경계를 이룬 지점을 연결해주는 상관물이며 우주로 확장된 매개체가 된다. 시인은 스스로의 통로를 마련하여 새로운 세계를 향한 능동적인 자의식을 취하는 것이다. 그래서 '화려한 비상' 이 된다.

화려한 의식의 비상에서 시인이 만난 것은 우주적 합일이다. 물속의 올챙이가 개구리가 되어 땅 위의 세상을 알았고, 이어서 하늘을 나는 새가 되어 훨훨 날다가 하늘 꼭대기까지 도달하여 얻은 우주적 확장은 노장사상에서 말하는 '도' 의 세계를 본 것이다. 그것으로 시인은 사물과 소통할 수 있게 된다.

반백을 넘어서
꽃에게 말을 걸었다
꽃도 내게 말을 했다
마음을 트잖다
-〈귀향〉에서

쉰을 넘어서야 세상의 이치를 깨달은 시인은 이제 사물과의 대화가 가능해졌다. '꽃에게 말을 걸게 되었고', '꽃도 내게 말을 하게' 된 것이다. '쉰' 이라는 고개를 넘고서야 얻은 성찰이다. 쉰이 되기 전까지는 꽃에게 말을 걸어보지 못했다. 이 '쉰' 이라는 나이는 시인에게 특별한 의미를 갖는다. 아무것도 몰랐던 그 이전의 세계와 삶의 의미를 새롭게 알게 된 시점이 되는 시기이다. 시의 곳곳에 '쉰' 이라는 나이에 대한 성찰이 자주 나타나는 것을 보더라도 의미심장하다. 위의 시에서 제목으로 삼고 있는 〈귀향〉의 의미는 마음의 고향으로 돌아가 순수한 자신의 아름다움을 발견한 것을 묘사하고 있다. 바쁘게 살아왔던 현실의 삶에서 돌아간 고향은 의식의 본향이며 그곳에서 '마음' 한 자락 찾은 것이다.

시인은 그동안 세상을 만나기 위해 '사시'의 눈에서 '문학'에 초점을 두고 '눈을 부라리고' 찾아왔다. 이제 그 '사시'의 눈에서 마음을 트고 보니 모든 것과 하나가 될 수 있었고 사물의 본질을 만난 수 있게 된다.

귀 없어도 들려오는
세상의 목소리들
다듬고 보듬어서 잘 익은 오랜 마음
던져서 깨어졌어도 그저 웃는 얼굴이다.

입 있어도 말없이
푸르른 눈빛 가득히
뜨거운 가마 속은 꿈속인양 멀어지고
모양새 어설프다만 제 생김에 고운 몸짓.

배나온 저 빈속을
어찌 다 채우려나.
겉모습 봉주고 안 먹어도 배부르니
눈감고 한 천년 가면 빈 가슴 욕망 사라질까.

-〈청자〉 전문

아름다운 청자는 도공의 손길과 뜨거운 가마의 불길을 거친 후에 구워지지만 다시 도공의 손에서 연거푸 깨어지기도 한 후에 비로소 한 점으로 완성된다. 수없이 깨어진 아픔을 겪은 후에 완성된다는 청자에 대한 시인의 관찰은 매우 뛰어나다. 귀가 없어도 세상의 목소리를 듣고, 입이 있어도 말이 없지만 웃는 얼굴로 푸른빛을 간직한 고운 몸짓을 한 청자의 비밍를 알게 된 것이다. '던져지고', '깨어지고' 어설픈 모양새를 하고 있지만 그저 웃는 얼굴로 고운 몸짓을 하고 빈 마음으로 빛나고 있는 비밀이다. 그것은 세상의 소리를 마음으로 듣고 뜨거운 가마 속의 삶도 꿈처럼 여겼기에 가능한 것이다. 오롯한 청자 한 점은 속을 비워 놓고 있으니 시인은 그것을 보고만 있어도 배가 부르다. 청자의 마음을 읽어 냈기에 얻을 수 있는 '배부름' 은 사물의 본질과 만난 존재성이다.

시인은 청자의 '빈 마음' 과 합일되면서 아직까지 그 마음을 다 헤아리지 못했다는 부정의 긍정을 드러낸다. '눈감고 한 천년 가면 빈 가슴 욕망 사라질까' 로 스스로 다시 묻기 때문이다. 시인은 오롯이 푸르게 빛나고 있는 청자에 대한 명상을 통해 깨지고 던져진 삶의 고통을 만났고 '비어 있는 마음' 의 상태를 발견한 것이다.

먼 곳을 바라보는
늙은 시간 어느
추억처럼 색바랜 모습

이대로
한 일 없이 지내온 날이
부끄러워 얼굴만 감춘다.
– 〈낙조〉에서

시인은 삶이란 무엇인지는 어떻게 살아왔는지를 되돌아보는 성찰의 눈을 지니고 있다. 과거의 시간 속에서 자신의 비추어 보고 현실을 살아간다. '먼 곳을 바라보는' '늙은 시간' 은 추억의 시간과 공간에 해당한다. 과거는 늘 빛바랜 추억으로 남는데 그것을 어떻게 보느냐에 따라

자의식을 가늠해 볼 수 있다. 시인은 그것을 한 마디로 '할 일없이 지냈다' 고 규정하고 '부끄러워' 한다. 자신의 삶을 부끄럽게 생각할 수 있는 일은 쉽지 않다. 그것은 깊은 성찰을 통해서 가능하기 때문이다. 하루를 마감하는 낙조는 아름답다.

우리들의 삶도 낙조처럼 아름다울 수 있다고 말 할 수 있을까. 시인은 그것을 스스로 질문하고 답하는 것이다. 부끄러운 삶이라고 스스로 말할 수 있다는 것에서 오히려 시인의 순수한 마음을 읽어낼 수 있다. 그것은 지나온 삶이란 본래 아쉽고 후회가 되는 것이기 때문이다. 그러나 시인은 빈 마음으로 삶을 관조하는 한편 주변의 세상살이를 보는 시선에는 매우 역동적인 자세를 가지고 있다.

만나는 날마다
왜 그리 반가운지
그때마다 눈으로 비벼대며
손잡아 보는 것이 이리도 즐거운지
촌스럽게
길가에서 손잡는 바람처럼
너와 내가 만나는 것이
그대 향기 내 냄새가 합쳐져
한 송이 연꽃향기이다

흘러가는 강물처럼
부대끼고 섞이면서
살아감을 누가 시키지 않아도
설렘으로 살아간다.

만나고 또 만나고

살아가야 한다는 게
서로의 아픔을 끝없이 채우기
위함이 아니겠는가
-〈우리의 만남〉 전문

매일매일 만나는 사람이 반갑고 즐거우며 그것으로 연꽃 한 송이를 피울 수 있는 삶은 행복하다. 그와 눈을 맞추고 손을 잡고 설레는 마음으로 살아가는 풍경은 아름답다. 매일 만나는 데도 식상하지 않고 설렐 수 있는 사람들이 곁에 있다는 것은 흔한 일이 아니다. 그것은 하루하루의 삶에 대한 시인의 긍정적인 삶의 태도가 있었기에 가능하다. 위의 시에 나오는 매일 만나는 사람이 누구인지는 구체적이지 않지만 아내이거나 가족일 수 있다.

가족은 늘 함께 있어 자주 접하기에 '만난다' 라고 표현은 잘 하지 않지만 시인은 그것을 능동적으로 표현하여 신선하게 다가온다. 매일 만나는 사람은 식상하기 쉽고 그 대상이 가족일 경우는 더욱 그러하다. 그럼에도 시인은 '촌스럽게' 도 손을 잡고, 눈을 맞추면서 기뻐하며 연꽃 향내를 만들고 있다는 것은 가까이 있는 사람들에 대한 소중한 마음을 가지고 있다고 할 수 있다. 그들과 함께 '서로의 아픔을 끝없이 채우면서' 살아가기 때문이다. '아픔' 을 서로 공유하면서 보듬는 삶을 실천하는 시인의 세상살이는 가까이 있는 가족, 소소한 일상의 삶을 소중하게 여기는 긍정적인 철학에서 나온다.

사람들의 생각은
다르기도 하고 같기도 하다
눈이 사람의 심성을 곱게 만들고
너와 나 같이 가는 이 길에 눈꽃을 피운다.

지금 이 눈꽃은 내게로 와서

봄 눈물이 되어 소복이 땅에 쌓이며
소리없이 작아지고 있다.

나는 너를 부르지 않았지만
너는 내게 허락도 없이
나에게로 와 꽃눈물이 된 것처럼
나도 언젠가는
너에게로 가 허공에
산산이 흩어지리라.

– *〈나에게로 온 눈꽃〉* 전문

'눈'은 순수함을 상징한다. 추운 겨울에 내리지만 눈은 따뜻한 이미지를 갖고 있는데 위의 시에서는 봄눈의 이미지가 더 강하게 느껴져 생명과 연결된 '물'의 이미지를 낳고 있다.

봄눈은 녹아 대지를 촉촉이 적셔 생명을 잉태하는 이미지로 전이된다. '눈'이 녹아서 흐르는 '눈물'의 이미지와 닿고 있어 이중적으로 쓰이고 있기 때문이다. 이 눈은 '소리없이 작아지는' 희생의 이미지로 타인을 따뜻하게 보듬어 준다. 1연과 2연에서 보인 '눈'은 3연에서 시인과의 관계를 구체적으로 연결되는데 그것은 '부르지 않아도, 허락도 없이 꽃눈물이 되어' 있다는 설정이다. '눈물꽃' 한 송이로 피어 있는 대상과 시인의 자아는 '너에게로 가서 산산이 흩어지기' 때문이다. 그렇다면 이 눈물꽃의 정체는 밝혀진 셈이다.

바로 가까이에 있는 가족이다. 가족 중에서 시인 자신에게 언제나 '소리없이 작아지며' 생명의 힘을 불어넣는 존재이고 그와 함께 하나가 되는 존재로 아내를 묘사한 것이라고 할 수 있다. 아내는 앞서 보인 〈우리의 만남〉에도 드러나는 것처럼 시인은 아내에 대한 따뜻한 사랑을 잊지 않고 있다. 이처럼 아내에 대한 사랑 외에도 시인이 생각하는 가족애는 남다르다.

5월은 잔인한 달이다.

어린이날
혜인이 자전거를 사주었고
손녀의 마음을 받았다.

어버이날
나는 카네이션을
받지 않는다.

나는 아직도
내 아버지 어머니 앞에서는
내 아들에게서 무엇인가를
받으면 미안하다.

내가 낳은 아들이
당신께 잘하면 마음이 놓이고
그 아들의 딸이 잘했으면 하고
마음 어린 것을 보고 있다.

내 못한 만큼 내 아들이
당신에게 잘하면
나는 그냥 좋다.

하지만 꽃을 받을 당신이
5월에 가고 없어 슬프고
옆에 계시는 또한 당신 가실 날

항상 마음은 긴장이다.

4월보다 5월이 내겐 가장 잔인한 달이다.
－〈5월〉 전문

위의 시에서는 4대가 함께 어버이날에 찍은 한 장의 가족사진을 보는 듯하다. 시인의 부모와 시인, 그리고 시인의 아들과 손녀가 있는 풍경이다. 시인의 부모 중에 한 분이 5월에 돌아가셔서 5월이 잔인한 달이 되었고, 아들이 자신의 부모에게 하는 효도를 보면서 행복해한다. 그럼에도 정작 시인은 그 자식에게서 카네이션을 받지 못한다.

그것은 시인이 카네이션을 달아드릴 부모 중에 한 분이 안계시기 때문이다. 이 시는 시인의 개인적인 아픔을 그리면서도 따뜻한 가족애를 느끼게 해준다. 시인이 지니고 있는 가족에 대한 따뜻한 시선은 우리 주변의 이웃들에게까지 확장된다.

석유가 뛰어 오면
혹한이 같이 뛴다

직불금 먹는
멍첨지들이
농민을 또 죽인다.

개념 없는 치세에
바람이 차다
－〈멍첨지〉에서

유명한

한우 대가리가
각종신문 헤드라인에
장관인사 청문회 기사를 보고 찡그린 채로
뚝배기 속으로 숨는다.

나만 유명한
곰탕인줄 알았는데
호주 공관 소대가리가
한우 흉내를 낸다.
-〈한우곰탕〉에서

혹한에 석유값이 오르고, 물가가 뛰어 올라가고, 농민들의 직불금조차 받지 못하는 농촌사회를 비판하고 있다. 수입쌀 시장의 논리를 잠재우려고 농민들에게 일정 금액을 지불하려는 재도가 있지만 그것마저도 농민들에게 돌아가지 못하고 있는 현실을 〈멍첨지〉에서 통탄하고 있다. 한편 〈한우곰탕〉에서는 호주산 소고기가 한우로 둔갑을 해서 곰탕으로 사용되고 있는 현실을 날카롭게 비판한다. 시인의 고향은 한우로 유명한 횡성이다. 이곳의 특산물인 횡성한우는 한국에서 유명하지만 그 이름을 내세워 외국산 소고기가 난무하고 있는 점을 드러내고 있다. 농촌의 가난한 현실을 시인은 놓치지 않고 여린 마음으로 가지고 비유적으로 그려내고 있다. 이러한 농촌의 현실은 개발이라는 이름으로 파괴되고 있는 현장으로도 눈을 돌린다.

고운 희망 안고
아련한 고향언덕 초경 앓던 곳

소나기 만나

원두막에서 옷고름 짜던 곳

천둥소리
무서워 예수 찾던 곳

구절초 피는 길에
애총이 울어대던 곳

초가지붕에
켜켜이 눈 내리면
마고 할매 눈 뒤집던 곳

진달래 떠날 때
꽃문둥이 쫓기 듯 떠나온 곳

지금
그곳엔 골프채가
산을 옮기고
메기가 강을 파내고 있다.

– *〈고향 길〉*전문

시인의 고향 횡성은 고운 희망을 품어주던 곳이었다. 소나기 만나면 오두막에 피해서 옷을 말리던 곳이었고, 천둥소리 가깝게 들리는 곳이었으며, 구절초 진달래 피는 곳이었고, 초가지붕에 눈이 내리는 아름다운 곳이었다. 그런 고향이 지금은 골프장 건설에 산이 파헤쳐지고 강바닥을 긁어내고 있는 것이다. 지역개발이라는 이름으로 무분별하게 파헤치는 고향의 현실을 시인은 안타깝게 생각한다. 이처럼 시인은 시인으로서 삶을 바라봐야 할 지점을 확고히 하면서 가족과 이웃, 우리들의 삶에 대한 시선을 놓치지 않고 있다.

한편 시인은 사물에 대한 뛰어난 묘사력을 놓치지 않고 문학적으로 성공한 시세계를 펼친다.

바람타는
달빛이 혼자
누운 풀을
게걸스럽게 먹고 있다.

산사에 여승이
달에 쫓기는 밤

여승 머리에
일월이 잠드는 밤.
– 〈산사의 달〉에서

조반으로 딱따구리는 참나무 구멍 파는데
마당 쓰는 보살님 엉덩이가 무겁다.

아침 햇살이 부처님 대머리에 비치면
땡중 장삼자락 아랫마을 찾는다.
– 〈산사〉에서

위의 시 두 편은 산사의 달밤과 아침 풍경이다. 아침과 밤이라는 시간차를 두고 있는데 고즈넉한 산사의 적막함을 그린 솜씨가 매우 뛰어나다.

먼저 〈산사의 달〉에서 달빛의 시각적인 이미지를 동적 이미지와 미각 이미지를 사용해서 역동적이면 관능적으로 표현하고 있다는 점이다. '바람타는 달빛'의 묘사가 달의 동적 이미지를 만들어 놓고 있으며, 게걸스럽게 '풀을 먹고 있는' 미각적인 표현은 환한 달빛이 산사의 마당에 가득하다는 정적인 묘사를 동적인 묘사로 표현하는 데 성공하고 있다. '풀을 먹고 있는 달빛'은 뒤에 이어지는 '여승이 달에 쫓기는' 이미지와 연결되어 달의 관능적인 면을 포착한다.

즉 달빛이 '누운 풀을 먹고' 있는 것은 달빛이 여승을 쫓고 있다는 것과 연결되어 달빛이 여승을 먹고 있는 것을 상기시킨다. 그래서 마지막 연에 '여승의 머리에' 달빛이 잠들게 되는 것이다.

결국 '바람타는' 달빛의 존재가 '여승'과 함께 '동침'한다는 설정에서 관능적인 표현을 발견할 수 있다. 이렇게 함으로써 조용한 산사에 은은하게 비치는 달빛의 공간인 정적 이미지를 관능적인 묘사를 통해 역동적인 이미지를 낳은 뛰어난 묘사력을 발휘하고 있다.

한편 〈산사〉에서는 아침풍경을 해학적으로 풀어내어 시인의 또 다른 묘사력을 살필 수 있는 작품이다.

아침 식사를 준비하는 딱따구리와 마당을 쓰는 보살님의 대비를 통해 산사의 아침 풍경을 잘 묘사하고 있다. 딱따구리가 참나무 구멍을 팔 때 내는 소리는 매우 크다.

조용하던 산사는 그 소리로 가득하여 아침의 신선함과 활기찬 풍경을 낳고 있다.

이에 비해 마당 쓰는 '보살님의 엉덩이'를 무겁게 묘사하고, 성스러운 부처님의 머리를 '대머리'로 속된 표현을 함으로써 해학성을 낳고 있다. 성과 속의 경계를 허무는 장치를 해학적으로 풀어내어 따뜻한 인간미를 발견하게 한다. 서강구의 시는 이처럼 신성한 것에서도 따뜻한 인간미를 발견할 줄 아는 시인의 길을 걷고 있다.

앞으로 그가 걸어갈 길, 나비가 되어 날아갈 길을 시 〈오솔길〉를 인용하는 것으로 결론을 대신한다.

숲속에 오솔길이 부른다.
유일하게 오늘을 사는
우리를 부른다.
– 〈오솔길〉에서

사람들이 걸어간 자리에 길이 생긴다. 그래서 길은 인생이고 삶이 된다. 숲 속에 난 오솔길은 거창한 인생의 길이 아니다.

소박한 길이다. 시인은 오솔길이 유일하게 오늘을 사는 우리들을 부른다는 사실을 알고 있고, 그 길을 걸어가고 있는 중이다.

시인이 걸어가고 있는 길에서 돌부리를 만날 것이고 누에의 집을 짓기 위해 부지런히 실을 뽑을 것이다.

그러면서 누에는 집만을 짓는 것에서 머물지 않을 것이다. 한 마리 나비가 되어 화려한 비상을 꿈꾸듯이 끊임없이 실을 뽑아내며 노래할 것이다.

시인 서 휘는 앞으로도 계속 문학의 눈으로 세상을 바라보면서 가족과 이웃, 삶에 대한 따뜻한 시선을 견지하면서 누에의 꿈에서 비상하는 나비의 꿈을 실현하며 세찬 바다를 건널 의지를 가지고 나아갈 것이다.

정적을 깨우는 우주로 창을 내고

인쇄	2010년 11월 15일
초판 1쇄 발행	2010년 11월 17일
지은이	서 휘
펴낸이	전형철
편집	GAP
웹디자인	김태완
펴낸곳	도서출판 모던/등록번호 제 16-3544호
인쇄	(주)한진종합인쇄
후원	월간 모던포엠
주소	서울 중구 초동 155-1 덕양빌딩 505호
전화	02-2265-8536
팩스	02-2265-0136
이메일	mopo64@hanmail.net
정가	10,000원